MI VIDA CON TITI

Gema Over

MI VIDA CON TITI

Un perro potencialmente cariñoso ♡

la esfera ⊕ de los libros

Primera edición: noviembre de 2024

© Gema Amador Verdú, 2024
© La Esfera de los Libros, S.L., 2024
Avenida de San Luis, 25
28033 Madrid
Tel: 91 443 50 00
www.esferalibros.com

ISBN: 978-84-1384-903-4
Depósito legal: M.17300-2024
Rotulación: Germán Ampiee
Impresión y cuadernación: Cofás
Impreso en España-*Printed in Spain*

A Titán.
Ahora eres inmortal,
mi pequeño.

Y de repente, me encontré siendo la dueña de un rottweiler de 40 kilos que no era mío y que apenas conocía, a la espera de que él regresara.

Las cosas que se hacen por amor, ¿eh?

Pero esto fue solo el comienzo de la historia. Y sí, es de amor.

Capítulo 1
Conociendo a Titi

Le conocí en la mayor industria de venta de carne: una app de citas.

Poco romántico, nada asombroso.

Pero ahí apareció.

Me encantó lo fácil que me hacía reír, lo currante que era...

... cómo había hecho frente a ciertas situaciones de las que... Bueno, no todo el mundo sale airoso.

Le admiraba, y al final...

... le quise.

Me lo presentó al mes de empezar.

Y no lo niego, impresionaba mucho su tamaño.

Pero también me impresionó lo bueno, mimoso y cariñoso que era.

Por eso me extrañó tanto su mirada triste.

A partir de entonces,

cualquier excusa era buena para que Titán

se viniera con nosotros.

Y si no íbamos a
ningún lado...

... el plan de quedarse
en casa de él...

¡PUM!

... tampoco era tan malo.

Capítulo 2
Paseando a Titi

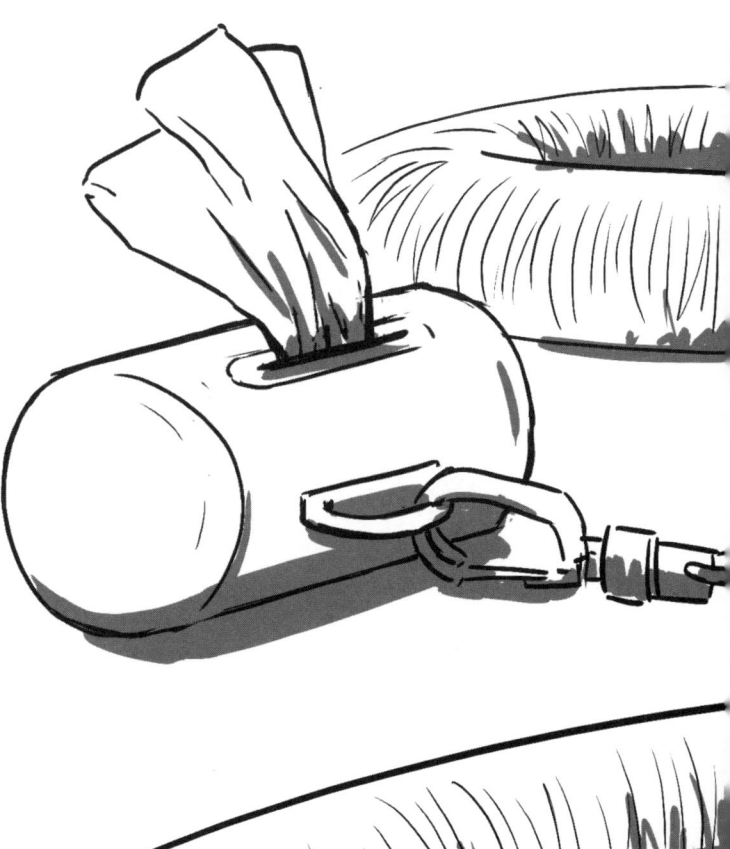

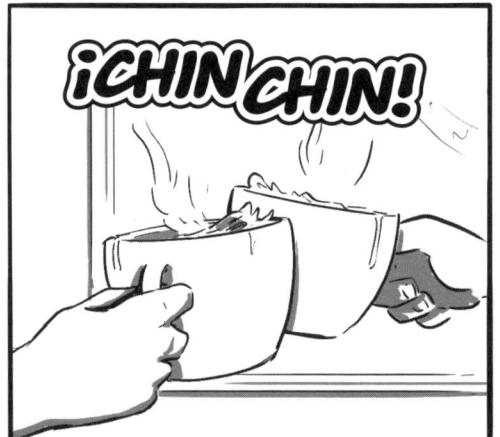

Que, por cierto, hablando de animalitos...

¿Qué vas a hacer con Titán?

Pues me lo voy a quedar yo de momento...

¿Al final sí?

He hablado con mi madre... y bueno. Lo único es el tamaño.

Pero si lo tengo, por ley o lo que pone en la documentación, solo puedo pasearlo yo.

¿Por la raza?

Porque es un PPP.

Y me niego a que termine en una perrera.

Bueno...

Deberíamos celebrar que vas a tener perro con unas tortitas...

Aunque, ahora que lo pienso... ¿No tiene a nadie más?

Yo que sé, familia o algo.

Amo' a ver, que eres su novia. Y lo quieres, claro...

... pero...

Bueno, es complicado...

Pero es un marrón muy grande.

Tan grande como la sopa de chocolate con tropezones de tortitas que te estás haciendo.

¡Eh! Quan més sucre, més dolç!

Sí. Es un marrón.

Pero el perro no tiene la culpa...

... por muy marrón que sea.

¡Es verdad! ¿No había uno que se llamaba Darko?

Danko.

CRIIII

Y el pobre ya murió...

Ahora tienen a Coco, que es el bichón, y a otros dos:

CRIIII

Golfo y Freddy.

CRIIIII

¿Krueger?

Mercury.

Ya me caen bien.

CRIIII

¡Oye! ¡Diles que te dejen pasearlos o algo! ¿No?

CRIIIIIIII

Para cuando te quedes con Titán.

No, si ya he cuidado de estos perros cuando mis tíos se han ido de viaje.

CRIIIIIIII

Pero claro, apenas una semana.

CRIIIIIIII

Algo es algo.

Sí, pero ¿es suficiente? ¡Es que no tengo ni puta idea de perros!

CRIIIIIIII

¿Tú sabías que también tienen pasaporte?

Qué me dices.

CRIIIIIIII

CRIIIIIIII

Pero, al cruzar el portal, las risas se convirtieron en responsabilidades y eso ya no era tan divertido.

Buenas...

¡Hola, hija! ¿Qué tal?

Bien, bien...

Oficialmente, Titán está a mi nombre.

Menos mal que solo es un tiempo...

¿Tienes ya el seguro?

Lo quiero hacer esta tarde, como ya tengo el...

¿Y cuándo viene Titán?

Joder, mamá, ¡no lo sé!

A mitad de enero, antes de que se vaya a Francia.

¡Yo qué sé!

Pues tendréis que hablarlo ya, ¿no?

Por saberlo.

¡Que sí!

¡¡PAM!!

TITÁN
ROTTWEILER

ALICANTE

¡Hola, amor! Oye, se me había ocurrido que podría empezar a quedarme con Titán los fines de semana, ¿qué te parece?

Así que ese mismo fin de semana nos pusimos manos a la obra.

A ver, lo hemos practicado antes.

Sé que estás nervioso, porque por fin estamos tú y yo solos.

Así que no te preocupes, porque vamos a ir despacio, pero a tu ritmo.

¿Qué te parece?

¿Se lo estás diciendo al perro?

Sí, mamá, se lo estoy diciendo al perro...

Venga, va, ¿nos vamos a la calle?

Lo dicho, ya habíamos practicado antes: que no tire, que se siente cuando pase por un semáforo, que se siente también cuando recoja su caca...

Una cosa es un perro bolso como el de mi tía, y otra cosa es un rottweiler de 40 kilos, que encima está catalogado como potencialmente peligroso.

Pero si ya vas a mi ritmo sin problema.

Cambia un poco la situación, ¿no?

Muy buen chico.

¡Uy, perdona!

Bueno...

En realidad cambia bastante.

Pero, al final de aquellos días, Titi volvía a su casa...

Hasta que un día...

... aquel lugar...

... dejó de serlo.

AAUUU

Y justo ahí me encontré siendo la dueña de un rottweiler que no era mío y que apenas conocía, a la espera de que él regresara.

Capítulo 3
A cargo de Titi

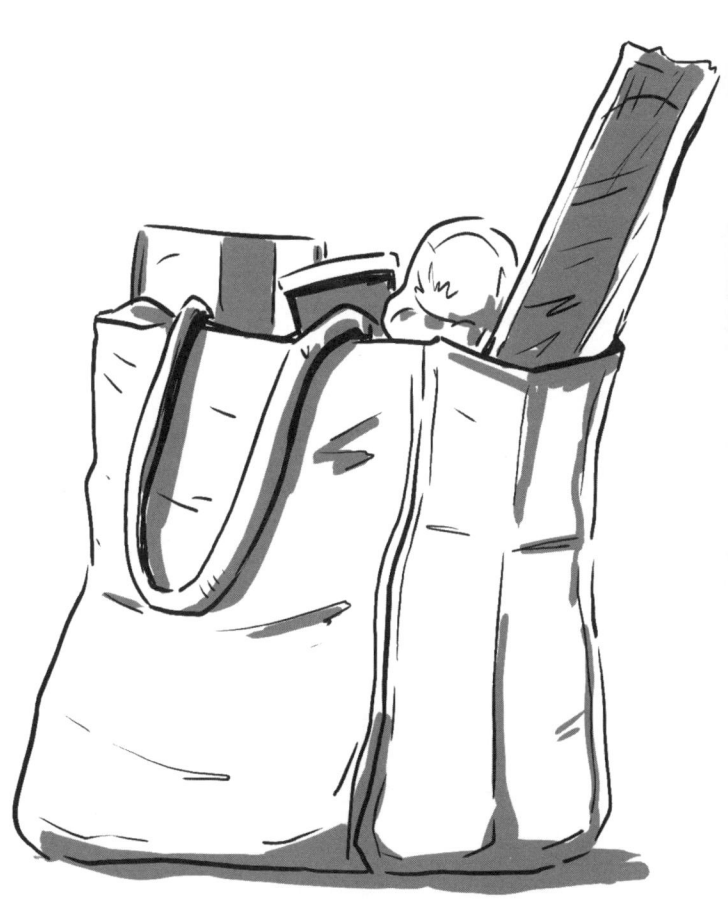

Durante los siguientes meses, fue un goteo constante de primeras veces y cambios en la rutina...

... tanto para él como para mí.

AAAUUUU

En esa época, estaba haciendo un máster online en el que teníamos que poner la webcam junto con el micrófono, ya que la clase era en directo por la pandemia.

AAUUUU

Y, por lo que sea...

... Titán me echaba tanto de menos al otro lado de la puerta...

AAUUUUUUUU

... que decidió atender las clases conmigo.

Y como llegó a mi vida a mitad del primer cuatrimestre, tampoco pasó desapercibido entre mis compañeros.

¿Estamos todos?

Vamos a dar comienzo a la clase.

Bueno, el último día estuvimos repasando las columnas y los márgenes.

Y hoy, vamos a empezar con las retículas.

Ay, Titáaaaan

Ay, Gema, no sabía que tenías perrito!

Titiiiiii 🖤🖤

Buah, si su cabeza es tan grande como la mía

¿Ya hemos acabado con las columnas y los márgenes?

Socorro, que alguien me pase los apuntes de la clase anterior, que no me los descargué a tiempo >.<

Pero si se hace una bolitaaaa

Espera, que lo tengo a mano y te lo paso por whatsapp

¡Gracias! Es que no me daba la vida con el curro y todo

Al final te lo he pasado por el privado del teams, que ahí se sube a la nube y ya lo tienes para cuando lo necesites

Pero ¡¿Titi?!

¡Eso, di que sí, campeón!

¡Eso, ahí despatarrado!

Gema, ¡¡censura!!

No lo tapes que igualmente se ve XD

Lo malo era que pasaba mucho tiempo sentada en el estudio.

AAUUUU

¿Qué quieres, Titi?

Lo bueno era que él, en mitad de todos los cambios...

... me obligaba a pasearle.

Era una cuestión biológica.

Vale, vamos a la calle.

Durante esas primeras veces, no tardé en darme cuenta de las diferencias con otros perros...

¡GUAU! ¡GUAU! ¡GUAU! ¡GUAU! ¡GUAU! ¡GUAU! ¡GUAU! ¡GUAU! ¡GUAU! ¡GUAU! ¡GUAU! ¡GUAU! ¡GUAU! ¡GUAU!

Je, je, je, ya verás, se va a mear...

Hoy un perro patada se ha puesto como un loco a ladrar a Titán. El pobre pensaba que tenía alguna posibili... jajaja.

Hoy un perro patada se ha puesto como un loco a ladrar a Titán. El pobre pensaba que tenía alguna posibilidad jajajaj.

¿Qué tal estás?

Te echo de m

Hoy un perro patada se ha puesto como un loco a ladrar a Titán. El pobre pensaba que tenía alguna posibilidad jajajaj.

¿Qué tal estás?

Te echo de menos.

ha puesto como un loco a ladrar a Titán. El pobre pensaba que tenía alguna posibilidad jajajaj.

¿Qué tal estás?

Te echo de menos.

Y yo a ti.

Aunque una de esas primeras veces, todo hay que decirlo, ni me planteaba lo que iba a suceder.

Recuerdo unas semanas que no paraba de llover. Era constante y contundente, apenas había dado tregua. Y, por ende, Titán casi no había podido salir.

Los paseos exprés pasaron de ser eficientes a insuficientes.

Y había que hacer algo al respecto.

48

Así que fui al lugar donde esperaba que pudieran solucionarme todos los problemas: la tienda de mascotas.

Pero resultó misión imposible.

¿Cómo le va en Francia?

Pues dice que muy bien. El curro de puta madre, la casa superchula... Y poco más, la verdad.

¿Problemas en el paraíso?

A ver... No puedo llamarlos problemas, pero...

Pero son problemas.

Justo.

Es que una relación a distancia es complicada, tía.

Sí, claro.

Si más o menos sabía a lo que me iba a enfrentar. Pero estoy viendo unas cosas...

O, mejor dicho, no veo lo mismo que antes.

59

Capítulo 4
Conviviendo con Titi

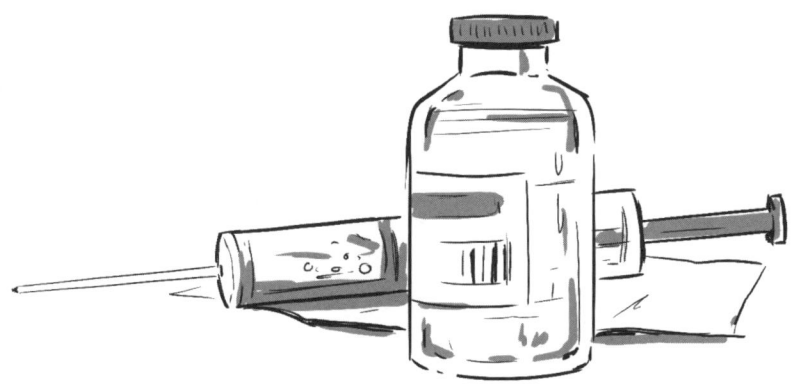

Pero ¿no ibas a volver a casa a cambiarte antes de quedar con la muchacha?

Cambio de planes a última hora, que si no, no me da tiempo.

Una de las cosas que aprendí al adoptar a Titán es que, para tus amigos, pasas de ser Gema a ser "la dueña de".

¡Hola, mi Titi!

Ay, qué bonico que es, madre, el más guapo de todos los perros que...

En este caso, de Titán.

Oye, ¿y yo qué?

Calla, renegada.

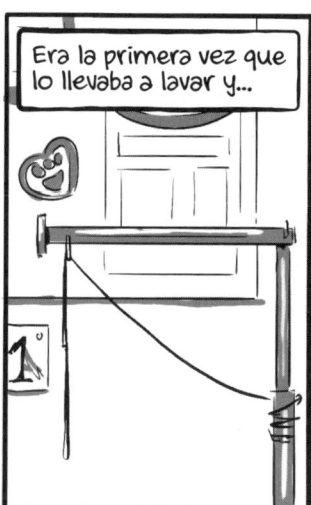

Era la primera vez que lo llevaba a lavar y...

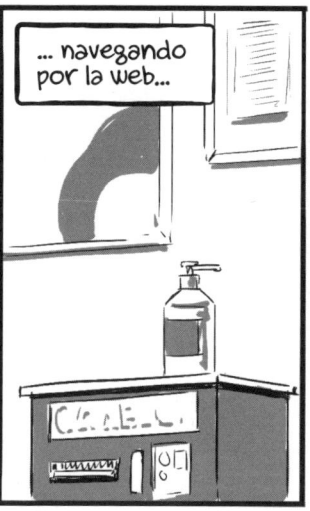

... navegando por la web...

... descubrí la maravilla que son las lavadoras de perros.

Literalmente.

Mira, Pechotes, es autolavado, así que solo tenemos que meter a Titán y se limpia solo.

¡JAJAJAJAJAJAJAJA!
AJA!
¡No puedo con mi alma!
¡JAJAJAJAJAJAJAJA!

¡Eh, mira!

¡Dice aquí que también se puede poner en manual!

¡Ah! Sí, eso parece.

No me gusta nada lo que m...

¿Y si me haces fotos lavando a Titi para enseñárselas a la moza?

¡Pero qué morro!

... Piénsalo bien, ahora que te has puesto el champú antiparasitario, no se te acercará ninguna bicha.

JA. JA. JA.

Qué gracia la de Francia.

Sí, ¿eh?

¿Qué pasa?

Nada.

Me ha dicho que quiere que me vaya con él.

¿A verle? ¡Claro! ¿... No?

No, no... A vivir. A quedarme con él allí.

Pero... ¿no quería volver?

Eso pensaba yo.

Ya veo...

Había una visita a la que no podía faltar Titi...

DING DONG

¡Buenos días, Gema!

Con la veterinaria.

¡Hola, Bea!

¡Hola, Titi!

¿Cómo le han ido las vacunas? ¿Has notado algo?

No, la verdad es que no mucho.

Hubo un día que sí que se le notaba un poco "chof". Pero vamos, apenas.

Aunque para nada fue como la primera vez que vino.

Ya tía, pero es que había que ponerle casi todas las vacunas.

No sé cómo no le han pillado.

Yo tampoco.

¡Por cierto! ¡Justamente el otro día me pararon!

¿Cómo que te pararon? ¿Y eso?

¡Sí, tía!

El sábado pasado, que hizo tan buen tiempo, ¿recuerdas?
Me fui a pasear con Titán pero por el paseo de la playa, justo en la parte del principio donde hay un carril de una sola dirección.

Me llevé conmigo también la libreta y mis materiales de dibujo, por si me venía la inspiración.

Encontré el sitio perfecto: un banquito a la sombra para los dos.

Tenía el bozal puesto, pero se lo quité porque hacía muchísimo calor.

Aquí la
tiene.

¿Desde
cuándo lo
tiene?

Desde
febrero.

¿Y por qué
está sin bozal?

Gema

Lo tiene puesto, pero sabe quitárselo y no me he dado cuenta.

Es mentira, pero no soy gilipollas. Además, lo de que sabe quitárselo es cierto.

Agente 1

¡Protesto! Eso no te exime de que lo lleve bien colocado.

Gema

Ha sido un despiste, agente.

¡JA!

Agente 2

¿Y dónde está la identificación del animal a tu nombre?

Gema

Aquí tiene
la tarjeta.

Agente 2

¡Ajá!
¡El seguro está
desactualizado!

Gema

Pues revise los
documentos
en el móvil porque
los tengo todos
actualizados en la
nube y, si no me
equivoco, eso está
permitido.

Agente 2

¡Vámonos!

Agente 1

Asegúrate de
que no se vuelva
a quitar el bozal,
¿de acuerdo?

Capítulo 5
¿Luchando?
por Titi

Tener un perro de un día para otro hace que muchas veces se te trastoquen los planes.

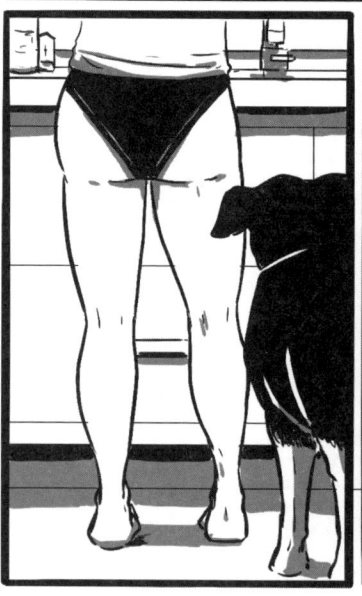

O incluso, que tengas que incluirle en ellos.

Y cualquier excusa parecía buena con tal de salir con Titán. Daba igual para qué.

Oye... ¿Cómo vas?

Bueno, bien.

No sé si te habrá contado Chus...

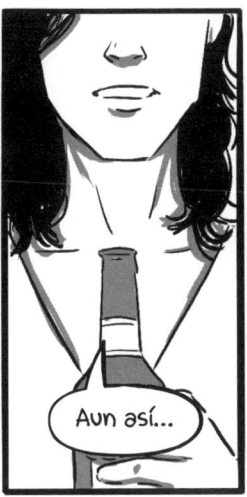

Oye, Gema...

¿Titán puede comer patatas?

Sí, claro.

Es por darle una.

Prueba a ver...

JA JA
¡Pero tú come, Chango! ¡Como si nadie te mirase fijamente!
¡Pobre Titán, que no le hacen caso!
JA
JA
JA
JA
JA JA JA
No puedo más.
JA JA
JA
JA JA JA JA JA JA JA

¡Pago lo mío!

Quédate un ratito con él, porfa.

Paga tu comida. A las cervezas invito yo.

Ya que tengo nuevo curro, deja por lo menos que os invite.

¿Has pagado ya?

¡Ey!

No, estoy esperando el datáfono.

Oye, quería comentarte... Te lo digo porque alguna vez lo he visto también en la clínica.

¡Es verdad! Que eres veterinaria.

Auxiliar.

Los papeles, todos, están a tu nombre, ¿no?

Eh... Sí.

¿Y tienes las facturas de la consulta?

Sí, claro.

Entonces, dudo que tengas problemas para quedarte con Titán.

Pero si yo...

Desde que lo conocí, al principio de los tiempos, se le ve mucho más feliz.

Ya, pero es su perro.

No.

Es TU per...

AAAAHHHH

Pero no es oro todo lo que reluce.

¿Sabes esos momentos en los que te das cuenta de que todo lo que elucubrabas se va haciendo realidad?

¿Esos momentos donde todo se junta? ¿Que de repente te das cuenta de que todo es un sistema de engranajes y que, hasta que no se monta la última pieza, no funciona la maquinaria?

O más simple aún. Que en un solo momento de tu vida veas que todas tus acciones...

... te han llevado a descubrir lo que realmente quieres y eres capaz de hacer.

Nada más tumbarme en la cama esa noche, lo supe.

Al echarme, volví a abrazarlo, como hacía todas las noches desde que llegó.

Pero esa noche no paró de lamerme la mano y de ponerme la pata encima para que le acariciara.

Entonces, me di cuenta de que no solo no podía parar de llorar por todo lo que había ocurrido en ese paseo, sino porque podía haberlo perdido.

E iba a perderlo en cuanto él volviera de Francia.

Capítulo 6
¿... Titi?

¿Cerveza o vino?

Pues básicamente...

... que Titán es oficialmente mío.

Sí, eso ya lo sé, ¿y...?

Pues eso, que para qué tenerlo él, si está mejor conmigo...

No te creo. ¿Y te lo dice como si nada?

Y que Titán ya está mayor...

¡LO FLIPO!
¡YO LO FLIPO!

¡Dime que le dijiste algo!

Tía... Iba tan preparada para enfrentarme a él... Casi como un combate.

Y veo que no había ninguna pelea, que simplemente lo ha abandonado.

Dime que sigue en España, que quiero reventarle las pelotas.

Pffff...

Mira...

... lo único que sé es que por ahora está aquí porque el trabajo ese que decía que era tan genial no era para tanto. Y no tengo ni idea de si quiere volver a Francia o no.

¿Definitivamente?

Ni lo sé, ni me importa.

En fin. Que le den...

Sí, por cul...

Es que, además, lo decía como si me estuviera haciendo un favor.

Quedándome a Titán, digo.

Así, cualquiera.

Exacto.

Y no solo como un favor, sino como... Como...

Como si las sobras que recibo fueran lo que me merezco. Las mías y las de Titán.

Claro, tía. Porque como no eres merecedora de amor y de alguien que te quiera y te respete...

Lo siento, Gema. La ironía es mi modo de canalizar el cabreo.

Lo sé, lo sé.

Y no lo niego, me hubiera encantado que después de ese comentario hubiera recibido un hostión.

AUUU

Uff...

Y ni se te ocurra...

... pensar que te mereces las sobras de nadie.

¿Empezamos con la cerveza?

Venga, vale.
Vamos por la
arena...

Te gusta, ¿eh?

Capítulo 7
Mi vida
con Titi

Unos años después de aquel día...

Hola.

¡Hola, mi Titi!

¡Hola, hija! ¿Qué tal el trabajo?

Bien, adelantando cosas.

Por cierto, dentro de nada le toca a Titi la vacuna de la artrosis.

Vale.

¡Oye, una cosa!

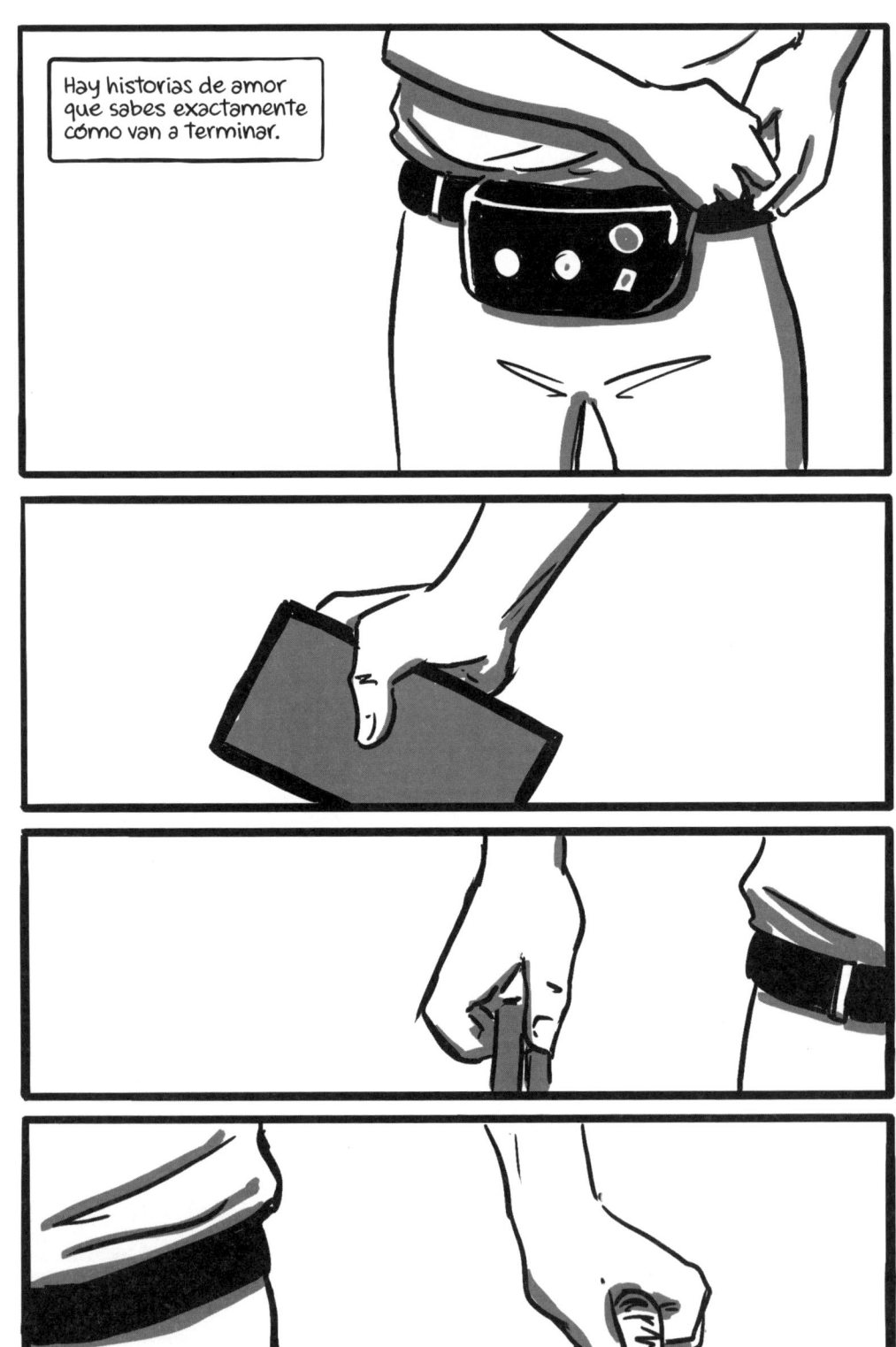

Hay historias de amor que sabes exactamente cómo van a terminar.

Las típicas películas románticas de las cuatro de la tarde.

Pero, en cambio, hay otras que te pillan totalmente desprevenida.

Agradecimientos

A mi madre, por ser la primera en confiar
en que iba a salir bien.

A todos los que salen en estas páginas
(Pi, Pechotes, Chus, Íñigo, Chango, Andrea,
Marcus, Pal) y los que salieron en su momento
(Héctor, Raúl, Anabel, Nando, Alba, Borja, Bel...),
porque es un pequeño visor de lo que habéis
hecho por mí.

A los que desde el primer momento, antes
de este cómic, confiaron y dieron una
oportunidad a esta historia.

A mis maestros y maestras y colegas, Sergio,
Migue, Cris, Juanma, Emilio, por darme siempre
ánimos y apoyo.

A Cristina, Germán y la gente de La Esfera. Por
el apoyo y comprensión durante todo el proceso
y por dar valor a esta historia.

A Jorge, por estar ahí desde la primera hasta
la última página.

Índice